Retroscópio

40 anos da história recente vistos pela charge

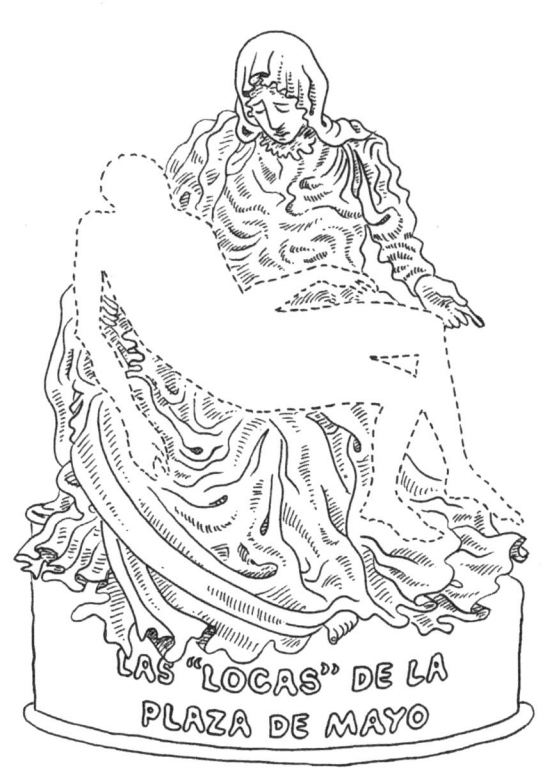

Santiago
Retroscópio

40 anos da história recente vistos pela charge

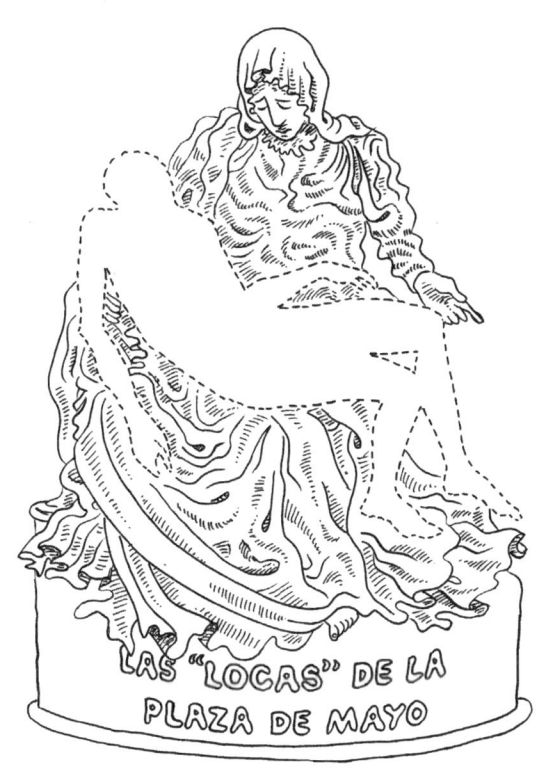

Texto de acordo com a nova ortografia.

Capa: Bernardo Abreu
Revisão: Lolita Beretta

CIP-Brasil. Catalogação-na-Fonte
Sindicato Nacional dos Editores de livros, RJ

S226r

Santiago, 1950-
    Retroscópio: 40 anos da história recente vistos pela charge / Neltair Rebés Abreu (Santiago); [ilustrações do autor]. – Porto Alegre, RS : L&PM, 2010.
    180p. : il.

    ISBN 978-85-254-2070-1

    1. Humorismo brasileiro. I. Título.

10-3795.   CDD: 869.97
                        CDU: 821.134.3(81)-7

© Santiago, 2010

Todos os direitos desta edição reservados a L&PM Editores
Rua Comendador Coruja 314, loja 9 – Floresta – 90.220-180
Porto Alegre – RS – Brasil / Fone: 51.3225.5777 – Fax: 51.3221-5380

Pedidos & Depto. Comercial: vendas@lpm.com.br
Fale conosco: info@lpm.com.br
www.lpm.com.br

Impresso no Brasil
Primavera de 2010

Prefácio

Christian-Georges Schwentzel*

Os anos passam: já faz quarenta anos que Santiago nos entrega, ao vivo, seus comentários da história mundial sob a forma de desenhos humorísticos. Esta obra começa em 1969, com o primeiro homem caminhando na Lua. O jovem Santiago não era então mais que um "amador", mas seu gênio, rapidamente descoberto, iria logo explodir, não em direção à Lua, mas ao mundo do jornalismo e da edição: dos jornais universitários à imprensa nacional brasileira e aos periódicos de numerosos países. Santiago participa também, com um sucesso garantido, dos salões e concursos internacionais que, do Japão à França, reúnem regularmente os desenhistas de humor do mundo inteiro.

De seus arquivos, Santiago extraiu 171 desenhos que tratam de eventos representativos das quatro últimas décadas. É um belo presente para nós, leitores e espectadores, que partimos para a redescoberta de nossa história recente. Uma contribuição também para as jovens gerações e para aquelas que virão, em especial estudantes, pesquisadores, historiadores e arqueólogos do futuro que encontrarão na coletânea uma rica fonte de informações e debates, uma vez que o desenho humorístico tornou-se hoje um objeto de estudo para os universitários. Santiago, exercendo o fascínio de decodificar os fatos históricos, é, ele mesmo, um personagem da história do humor que trata da história: uma surpreendente *mise en abyme***!

O humor é velho, não como o mundo, mas como a civilização. Encontram-se provas desde a época das pirâmides. Mas nessa época era inconcebível rir dos grandes eventos históricos do momento. A arte obedecia a regras rigorosas, e a história era escrita apenas pelos escribas do faraó. É o que chamamos de história oficial!

Na Grécia Antiga e em Roma as coisas mudaram um pouco: os satiristas prosperavam, mas eles utilizavam sobretudo o teatro e a poesia como meios de expressão, não as artes figurativas.

O desenho de humor está ligado ao desenvolvimento da impressão. Ele nasceu como arma de combate político. Na Europa, as caricaturas dos monarcas circularam clandestinamente desde

---

* Mestre de conferências em História da Universidade Lille Nord de France. Autor, entre outros, de *Cleópatra* (**L**&**PM** POCKET, 2009). (N.E.)

** Expressão cunhada por André Gide que expressa uma narrativa dentro de outra ou, na pintura, a representação de um objeto dentro do outro, até o infinito. Em tradução literal, significa "cair no abismo". (N.A.)

o século XVI. A imagem do rei e a legitimidade do poder foram então contestadas. O desenho contribuiu para dessacralizar a monarquia e formar uma opinião pública independente. Durante a Revolução Francesa, os desenhos antimonarquistas e anticlericais conheceram um imenso sucesso. Também surgiram, por consequência, as caricaturas produzidas pelo lado contrário: o imaginário contrarrevolucionário, depois as caricaturas antissemitas relativas ao caso Dreyfus, até chegar às épocas mais sombrias do século XX.

Através de seus desenhos, Santiago nos apresenta suas reflexões sobre a política e a sociedade do nosso tempo. Suas obras revelam tanto da caricatura como da alegoria no sentido amplo: uma maneira de "dizer de outra forma" os fatos e de apresentá-los de modo diferente do discurso oficial, ampliando o traço para melhor sintetizar os acontecimentos diante de seu significado essencial. Santiago torna visível, já na primeira vista, a contradição dos fatos e o duplo discurso, como quando o presidente Obama recebeu o prêmio Nobel da Paz, no momento em que intensificava os esforços de guerra no Afeganistão. Santiago sabe também iluminar as evoluções da sociedade, entre o progresso e a regressão: a aparição da realidade virtual faz progredir a estupidez anencéfala da telinha. O olhar do artista registrou sem concessões e sem piedade: quarenta anos de progressos técnicos, da conquista do espaço ao telefone celular, coabitam com quarenta anos de barbárie permanente, da Coreia ao Iraque, passando pelo Vietnã. "Assim caminha a humanidade", escreveu ele, em comentário de seu desenho sobre o enforcamento de Saddam Hussein. A humanidade não progride, somente a tecnologia.

Mas é impossível reduzir a alguns esquemas os 171 desenhos que constituem o livro. A extrema diversidade que os caracteriza contraria essa simplificação. Santiago não é homem de uma só receita. Ele nos ajuda a melhor apreender a grande complexidade do nosso mundo pelo seu trabalho múltiplo de artista, humorista, jornalista, historiador, sociólogo e, no fim das contas, filósofo.

Em julho de 1969 vim conhecer Porto Alegre e numa televisão de boteco assisti ao homem pisar na Lua. Não resisti em gozar um radialista gaúcho muito famoso, que transmitia desde a NASA, mas pela histeria parecia estar na própria Lua, empoleirado nalguma cratera lunar. O desenho foi feito para consumo interno sem nunca ser publicado.

Em plena era riponga o papo cabeça era condenar a sociedade de consumo, mas a moda eram jaquetas com insígnias.
(Jornal universitário *Debate*, 1971)

Os restos de Dom Pedro I voltavam ao Brasil no clima
do "ame-o ou deixe-o" do período Médici.
O desenho saiu num jornal da Faculdade de Engenharia e
foi parar no DOPS levado por um professor de nome Amadeu,
que a turma apelidou de Amadeu-do-duro.
(Jornal universitário *Construção*, 1973)

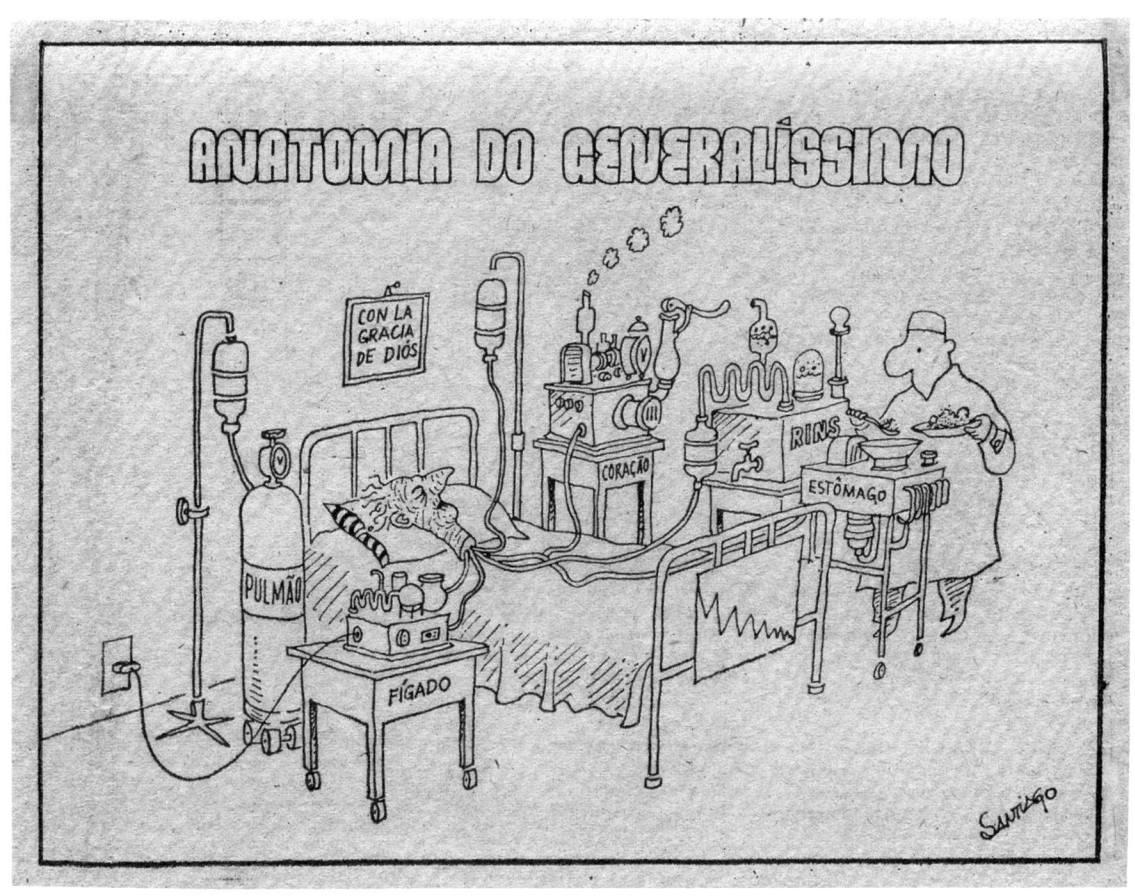

Já como profissional acompanhei a longa agonia do general Francisco Franco na velha Espanha que dava a meia-volta a caminho da democracia.
(*Folha da Tarde*, novembro de 1975)

Um desenho que eu não teria peito de
publicar no Brasil saiu em revista argentina.
(Revista *Libro de Humor Político*, Buenos Aires, 1975)

A fábrica de celulose Borregaard, que ficou famosa pelo seu terrível mau cheiro, tentava mudar a sua imagem de poluidora com novo nome de Riocell.
(*Folha da Tarde*, julho de 1976)

O Brasil parava para assistir ao mentalista Uri Geller,
que se propunha a entortar metais através da tela.
(*Folha da Tarde*, agosto de 1976)

A África do Sul era notícia constante por causa do cruel *apartheid*, enquanto a Ku Klux Klan ainda dava sinais de vida.
(*Folha da Tarde*, agosto de 1976)

Eram patéticas as tentativas da ex-Borregaard em
explicar a sua desastrosa localização geográfica.
(*Folha da Tarde*, setembro de 1976)

A tortura era assunto em pleno carnaval.
(*Folha da Tarde*, fevereiro de 1977)

A parte da igreja preocupada com os problemas sociais
era acusada de conspirar contra o regime.
(*Folha da Tarde*, março de 1977)

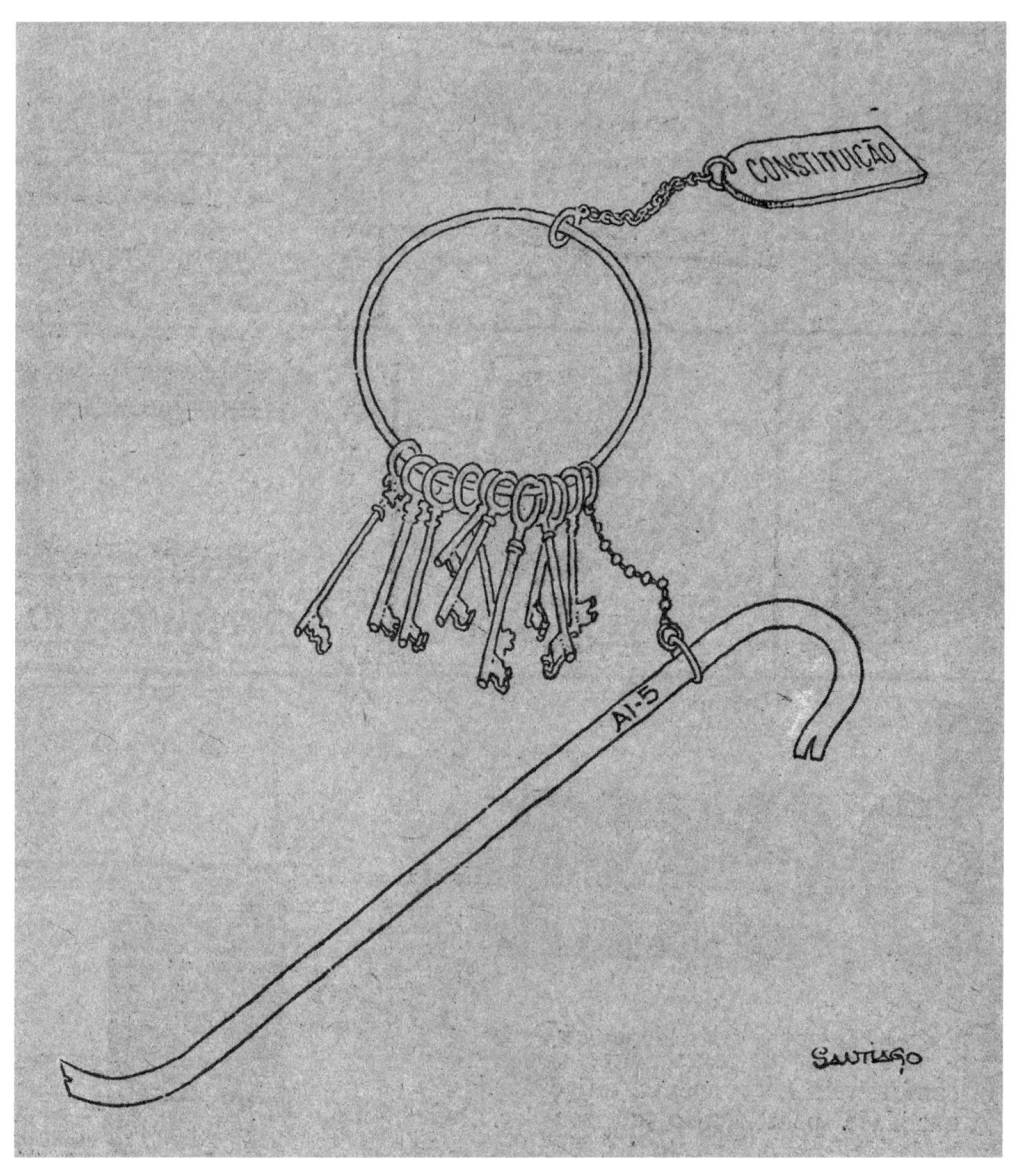

O Ato Institucional número 5 era a saída para
todos os problemas do governo militar.
(*Folha da Tarde*, abril de 1977)

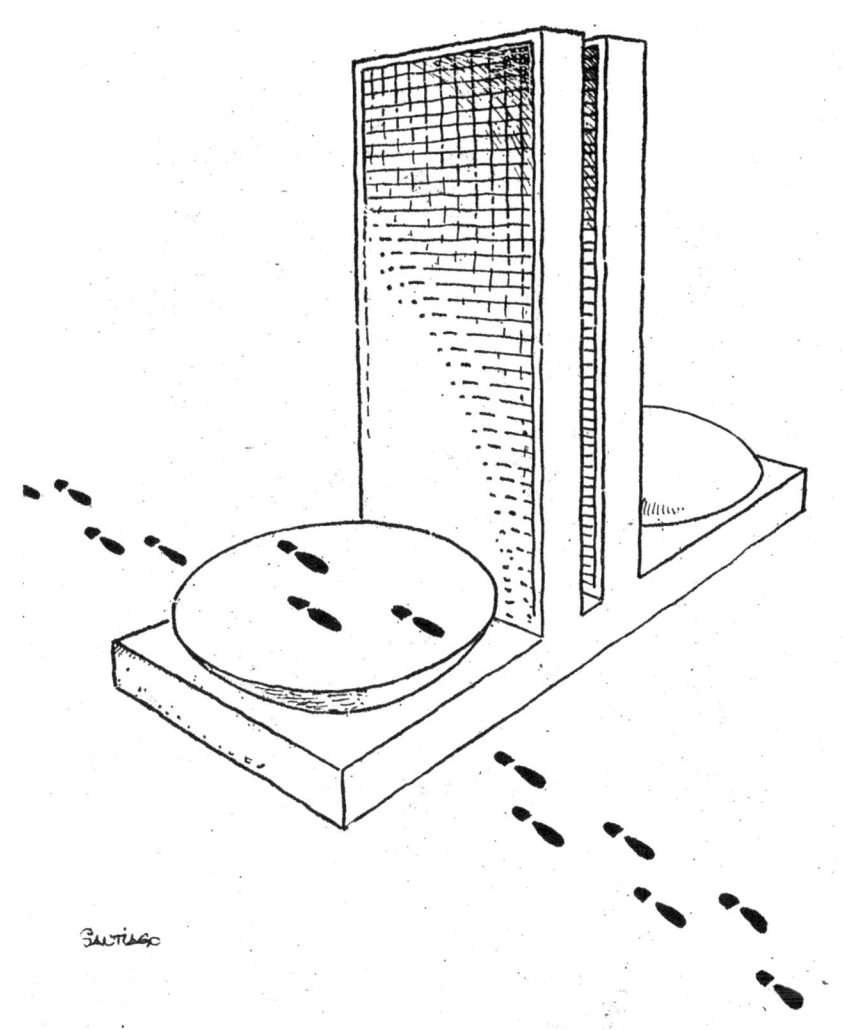

Em 1º de abril (mais uma vez), o general Geisel fechava temporariamente o Congresso Nacional para aprovar o famoso Pacote de Abril, que ampliou o mandato do presidente para seis anos e criou a figura do senador biônico, escolhido por voto indireto.
(*Folha da Tarde*, abril de 1977)

O presidente dos Estados Unidos, Jimmy Carter, lutava por direitos humanos fora do seu país e, ao mesmo tempo, desenvolvia a bomba N, de nêutrons, que matava sem destruir os bens materiais.
(*Folha da Tarde*, julho de 1977)

Morria Elvis.
(*Folha da Tarde*, agosto de 1977)

Debatia-se a lei de denúncia vazia, que permitia ao proprietário retirar sem explicações o inquilino. No mesmo momento, Brizola era expulso do Uruguai pelo governo fardado de lá.
(*Folha da Tarde*, setembro de 1977)

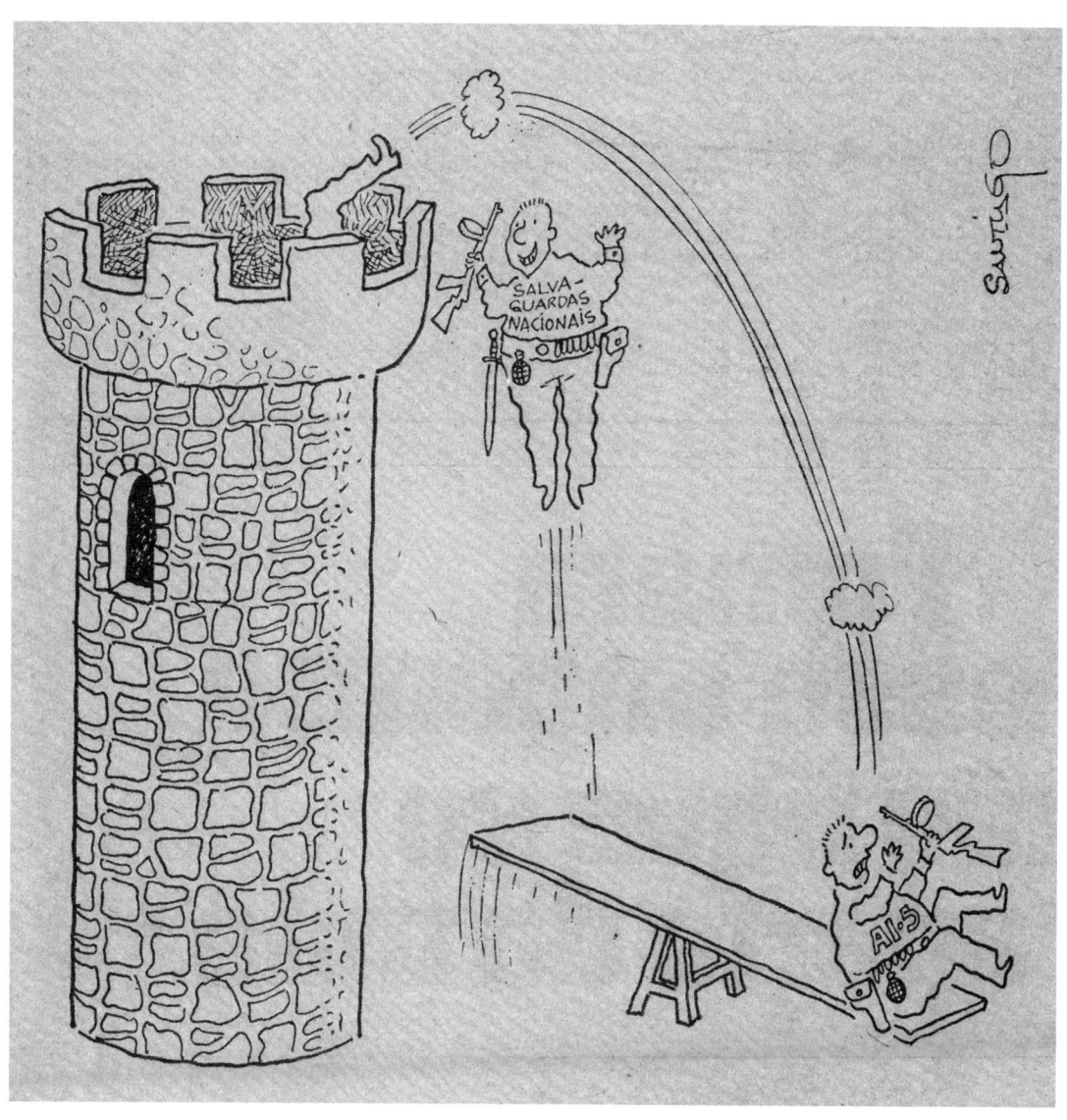

O governo militar retirava o AI-5 para implantar as salvaguardas nacionais, igualmente autoritárias.
(*Folha da Tarde*, novembro de 1977)

Morria Charlie Chaplin na Suíça, em pleno Natal.
(*Folha da Tarde*, dezembro de 1977)

Uma lei absurda exigia um depósito compulsório de 22 mil cruzeiros (cerca de 20 salários mínimos) para quem viajasse ao exterior.
O salário mínimo era de 1.100 cruzeiros.
(*Folha da Tarde*, fevereiro de 1978)

Um estranho fenômeno biológico chamado "maré vermelha" assustava a população na praia do Hermenegildo, litoral fronteiriço com o Uruguai.
(*Folha da Tarde*, abril de 1978)

Criticavam-se os novos senadores que não eram eleitos pelo povo.
(*Folha da Tarde*, abril de 1978)

A Argentina sediava a Copa do Mundo em plena e criminosa ditadura.
(*Folha da Tarde*, junho de 1978)

O general Geisel abolia a censura à imprensa, mas o medo continuava.
(*Folha da Tarde*, junho de 1978)

Coutinho, ex-capitão de artilharia do Exército, assumia como treinador da seleção que ia à Copa da Argentina.
(*Folha da Tarde*, junho de 1978)

Apesar da distensão lenta e gradual do general Geisel, ansiava-se por democracia plena.
(*Folha da Tarde*, agosto de 1978)

Os não representativos senadores biônicos eram chamados também de senadores de proveta.
(*Coojornal*, agosto de 1978)

O ministro da Justiça Armando Falcão havia criado
uma lei que restringia a propaganda eleitoral.
(*Folha da Tarde*, setembro de 1978)

Uma epidemia assolava os suínos, que eram abatidos a tiros de espingarda.
(*Folha da Tarde*, setembro de 1978)

Denunciavam-se os grampos na telefonia por parte dos organismos repressivos.
(*Folha da Tarde*, outubro de 1978)

As eleições continuavam indiretas pelo colégio eleitoral, que evidentemente escolheu o general João Figueiredo contra o general oposicionista Euler Bentes. (*Folha da Tarde*, outubro de 1978)

A revolução islâmica e barbuda no Irã derrubava o xá Reza Pahlevi.
(*Folha da Tarde*, novembro de 1978)

Em Porto Alegre, um casal de ativistas uruguaios era sequestrado para o seu país, com a atuação clara de policiais gaúchos.
(*Folha da Tarde*, março de 1979)

Falava-se na volta de Brizola do exílio.
(*Folha da Tarde*, março de 1979)

Em março de 1979, o general Figueiredo tomava posse prometendo abertura política.
(Desenho que obviamente não ousei publicar)

Figueiredo nomeava o ministro Delfim Netto, que não era do ramo, para a Agricultura.
(*Folha da Tarde*, março de 1979)

A UNE saía da clandestinidade e mostrava a cara.
(*Folha da Tarde*, abril de 1979)

A nave espacial Skylab tinha data prevista para cair no solo.
(*O Pasquim*, julho de 1979)

Com a abertura, manjados apoiadores da ditadura se diziam democratas.
(*Folha da Tarde*, junho de 1979)

Alguns exilados voltavam, mas o depósito de 22 mil para sair do país continuava.
(*Folha da Tarde*, junho de 1979)

Após ser deposto na Nicarágua, o ditador Anastasio Somoza ganhava abrigo do seu colega Stroessner no Paraguai, que já tinha hóspedes nazistas.
(*Folha da Tarde*, agosto de 1979)

Apesar da abertura, as greves eram duramente reprimidas.
(*Folha da Tarde*, agosto de 1979)

Figueiredo promulgava a lei de Anistia.
(*Folha da Tarde*, setembro de 1979)

Mais um ditador que caía, o "imperador" Bokassa, na República Centro-Africana, onde se dizia que até carne humana comia.
(*Folha da Tarde*, setembro de 1979)

Brizola retornado lançava moda com seus ternos pespontados, enquanto tentava refazer o PTB.
(*Folha da Tarde*, outubro de 1979)

Anistiado, o líder comunista Luís Carlos Prestes voltava da União Soviética.
(*Folha da Tarde*, outubro de 1979)

Brizola tentava atrair Jânio Quadros para o seu PTB.
(*Folha da Tarde*, outubro de 1979)

O MDB e o PTB (então em projeto de recomposição)
disputavam a hegemonia na luta contra a ditadura.
(*Folha da Tarde*, outubro de 1979)

O presidente Jimmy Carter se via azul com a crise da invasão
na embaixada estadunidense em Teerã.
(*Folha da Tarde*, novembro de 1979)

Já havia uma lei de quotas para os vestibulandos
que comprovassem ser oriundos de família ruralista.
(*Folha da Tarde*, janeiro de 1980)

Reprimia-se a nova moda de seios desnudos nas praias brasileiras.
(*Folha da Tarde*, janeiro de 1980)

> NEGÓCIO É O SEGUINTE JOÃO: JÁ QUE A PRESENÇA DA EQUIPE BRASILEIRA NAS OLIMPÍADAS SE CONSTITUI SEMPRE NUM COMPLETO FIASCO, SUGIRO A ADESÃO AO BOICOTE. ASSIM TENS UMA BOA DESCULPA PARA EVITAR O VEXAME!

Os Estados Unidos resolveram boicotar as Olimpíadas na União Soviética.
O João era o general-presidente Figueiredo.
(*Folha da Tarde*, janeiro de 1980)

O cantor Teixeirinha assinava ficha no partido da ditadura, o PDS, ex-ARENA, hoje PP.
(*Coojornal*, fevereiro de 1980)

As greves do ABC paulista eram reprimidas com prisão.
(*Folha da Tarde*, abril de 1980)

Morria o mestre Hitchcock.
(*Folha da Tarde*, abril de 1980)

A deputada Ivete Vargas, em conluio com os generais, roubava descaradamente de Brizola a sigla PTB, enfraquecendo a luta do histórico líder.
(*Folha da Tarde*, maio de 1980)

O Brasil iniciava a construção da usina nuclear alicerçada em Angra dos Reis, lugar que os índios chamavam Itaorna, ou seja, "pedra podre".
(*Folha da Tarde*, junho de 1980)

LAS "LOCAS" DE LA PLAZA DE MAYO

Em Buenos Aires, na Praça de Maio, todas as quintas-feiras
as mães pediam notícias de seus filhos desaparecidos.
(*Folha da Tarde*, julho de 1980)

Perdíamos o poetinha Vinicius de Moraes.
(*Folha da Tarde*, julho de 1980)

Os Estados Unidos lideraram um boicote às Olimpíadas de Moscou.
(*Folha da Tarde*, julho de 1980)

Volta e meia uma banca de revistas era incendiada por vender jornais
da imprensa alternativa que batiam forte na ditadura.
(*Folha da Tarde*, agosto de 1980)

Mario Quintana era recusado pela Academia Brasileira
de Letras que aceitava até Roberto Marinho.
(*Folha da Tarde*, novembro de 1980)

Uma bala maldita acertava o Beatle maior.
(*Folha da Tarde*, dezembro de 1980)

O Uruguai, mergulhado em ditadura, sediava o
campeonato de futebol chamado Mundialito.
(*Folha da Tarde*, janeiro de 1981)

Um desenho profético na absolvição de Lula pela justiça, acusado de agitação pelas greves do ABC.
(*Folha da Tarde*, 1981)

— UÉ!!! TROCASTE O GRAVADOR POR UM APARELHO DE VÍDEO-TEIPE?

— GRAVADOR SER INÚTIL, CARA-PÁLIDA NÃO TER PALAVRA, MESMO! AGORA CACIQUE QUER VER SE TEM "VERGONHA-NA-CARA"!

O cacique xavante Mário Juruna gravava as promessas de demarcação das terras indígenas, o que nunca era cumprido.
(*Folha da Tarde*, maio de 1881)

Casavam-se o príncipe Charles e a Lady Diana, com os costumeiros exageros da mídia sobre os parasitas reais. (*Folha da Tarde*, julho de 1981)

A Bolívia mantinha a tradição de um golpe e meio por ano desde sua independência. Esse virava a mesa literalmente, pois o general golpista García Meza sofria o golpe do golpe.
(*Folha da Tarde*, agosto de 1981)

Cansado de ser o canastrão topetudo no cinema, Ronald Reagan foi repetir o desempenho na presidência dos Estados Unidos. Logo se entusiasmava com a bomba de nêutrons, a perfeição do capitalismo, que matava gente sem destruir patrimônio.
(*Folha da Tarde*, agosto de 1981)

Depois de muitos anos no MoMA, em Nova Iorque, a *Guernica* de Picasso voltava ao Museu Reina Sofía de Madri. O autor prometeu que o quadro só retornaria à Espanha quando voltasse também a democracia.
(*Folha da Tarde*, setembro de 1981)

Como chamar o Guaíba já era motivo de debate na época.
(*Folha da Tarde*, setembro de 1981)

A grande matéria-prima da imprensa era a vida da princesa Diana, agora grávida.
(*Folha da Tarde*, novembro de 1981)

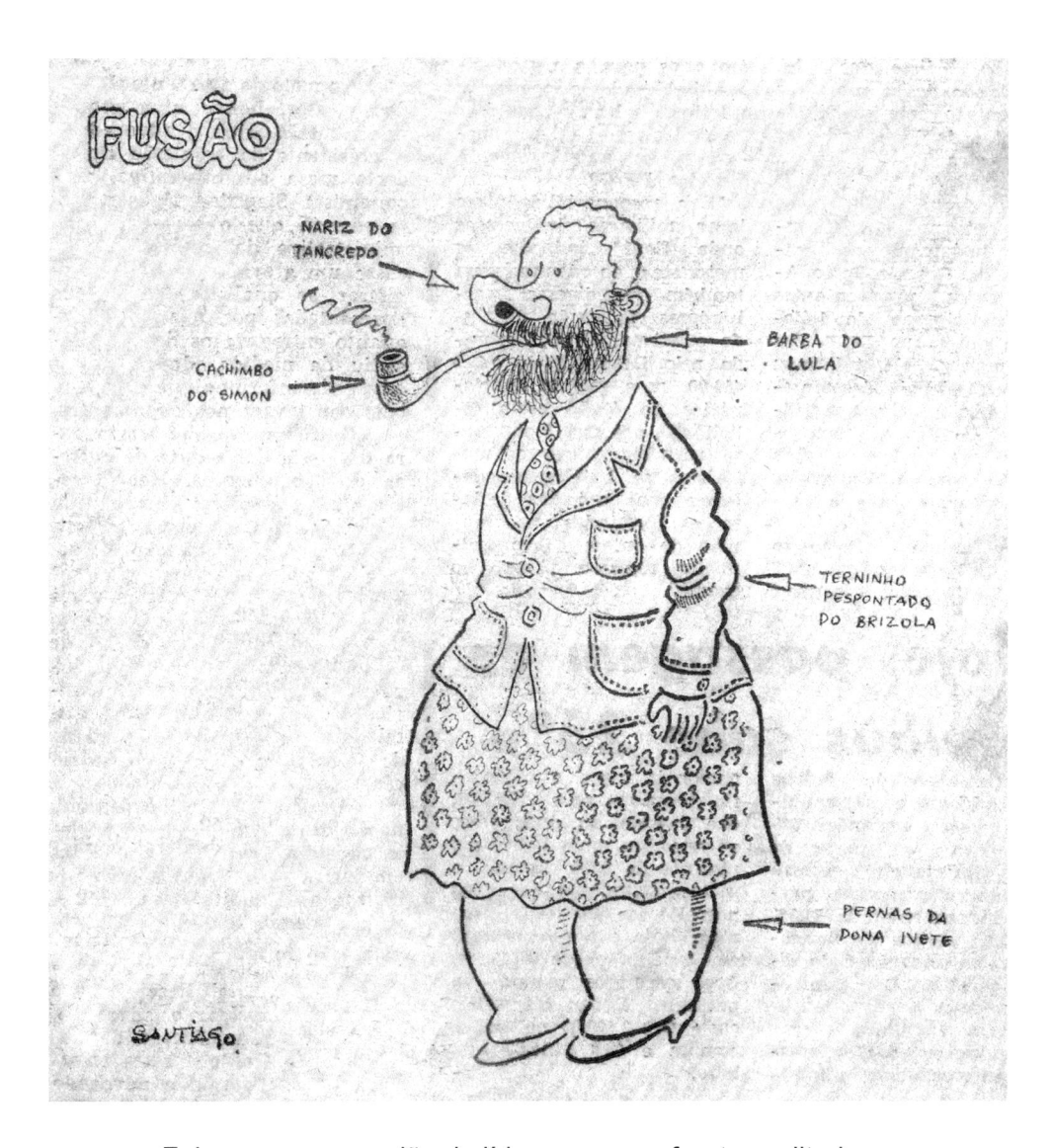

Falava-se numa união de líderes para enfrentar a ditadura.
(*Folha da Tarde*, dezembro de 1981)

BIGODE EM MODA NA POLÔNIA ATÉ A SEMANA PASSADA

BIGODE EM MODA NA POLÔNIA A PARTIR DESTA SEMANA

O líder grevista Lech Walesa era preso e a Polônia entrava em lei marcial.
(*Folha da Tarde*, dezembro de 1981)

A primeira-ministra Margaret Thatcher, a dama de ferro,
era considerada o "melhor homem da Inglaterra".
(*Folha da Tarde*, janeiro de 1982)

...PORQUE HOJE SOMOS TODOS UNS BÊBADOS TRAJANDO LUTO, DE CHAPÉU CÔCO LEMBRANDO CARLITOS

Morria Elis Regina.
(*Folha da Tarde*, janeiro de 1982)

CEPERNOŚĆ

O Centro dos Professores do Estado do Rio Grande do Sul, o CEPERS, assustava o governo, reivindicando salários para o magistério estadual, em ação semelhante ao sindicato Solidarnosc, da Polônia.
(*Folha da Tarde*, março de 1982)

Estoura a Guerra das Malvinas e a Argentina invade as ilhas Sandwich.
(*Folha da Tarde*, abril de 1982)

Em meio à Guerra das Malvinas, as "madres locas" argentinas não esqueciam dos seus filhos desaparecidos durante a ditadura militar.
(*Folha da Tarde*, abril de 1982)

O general Leopoldo Galtieri e Margaret Thatcher
contabilizavam as perdas na guerra.
(*Folha da Tarde*, junho de 1982)

Menachem Begin, primeiro-ministro de Israel, invadia o Líbano,
enquanto iniciava-se a Copa do Mundo na Espanha.
(*Folha da Tarde*, junho de 1982)

A Guerra das Malvinas deixava seu trágico saldo de mortos jovens.
(*Folha da Tarde*, junho de 1982)

A lei Falcão seguia podando os debates em rádio e TV,
na campanha eleitoral que começava.
(*Folha da Tarde*, agosto de 1982)

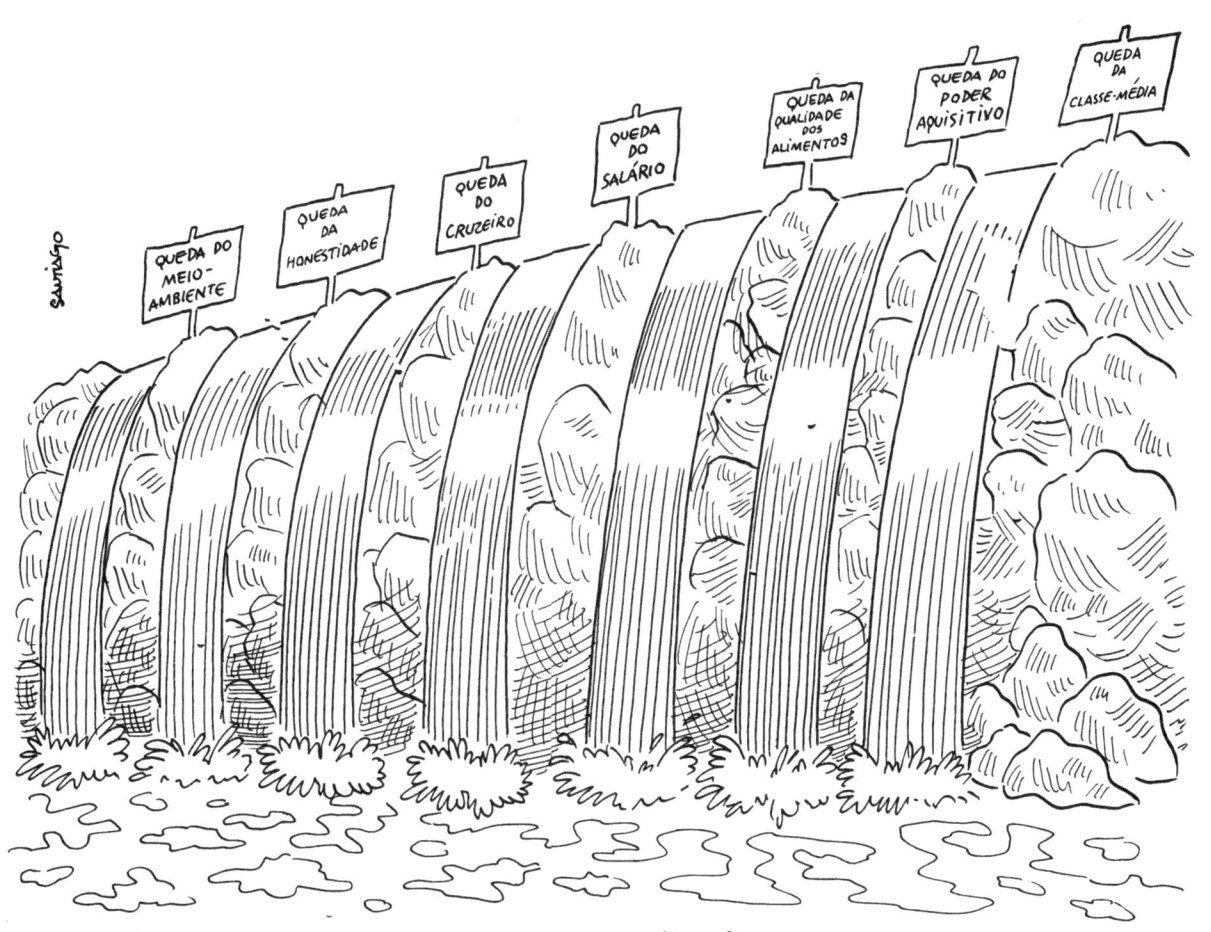

No flagrante acima as sete quedas que não vão desaparecer

(Labels on waterfalls: QUEDA DO MEIO-AMBIENTE; QUEDA DA HONESTIDADE; QUEDA DO CRUZEIRO; QUEDA DO SALÁRIO; QUEDA DA QUALIDADE DOS ALIMENTOS; QUEDA DO PODER AQUISITIVO; QUEDA DA CLASSE-MÉDIA)

Num crime ecológico, as famosas cataratas de Sete Quedas do rio Iguaçu desapareciam afogadas pela mega represa de Itaipu.
(*Folha da Tarde*, setembro de 1982)

As divisões da oposição favoreciam a vitória do partido do
general Figueiredo, então comandante do país.
(*Folha da Tarde*, novembro de 1982)

O cacique Juruna, que se tornara famoso com o seu
gravador sonoro para registrar promessa de branco,
assumia como deputado federal, alinhado com Brizola.
(*Folha da Tarde*, fevereiro de 1983)

Ocorria uma onda de saques em supermercados.
(*Folha da Tarde*, março de 1983)

Um suspense cercava o anunciado encontro de Brizola com
o general Figueiredo, que no final se tornaram aliados.
(*Folha da Tarde*, junho de 1983)

> POCA VERGONHA!

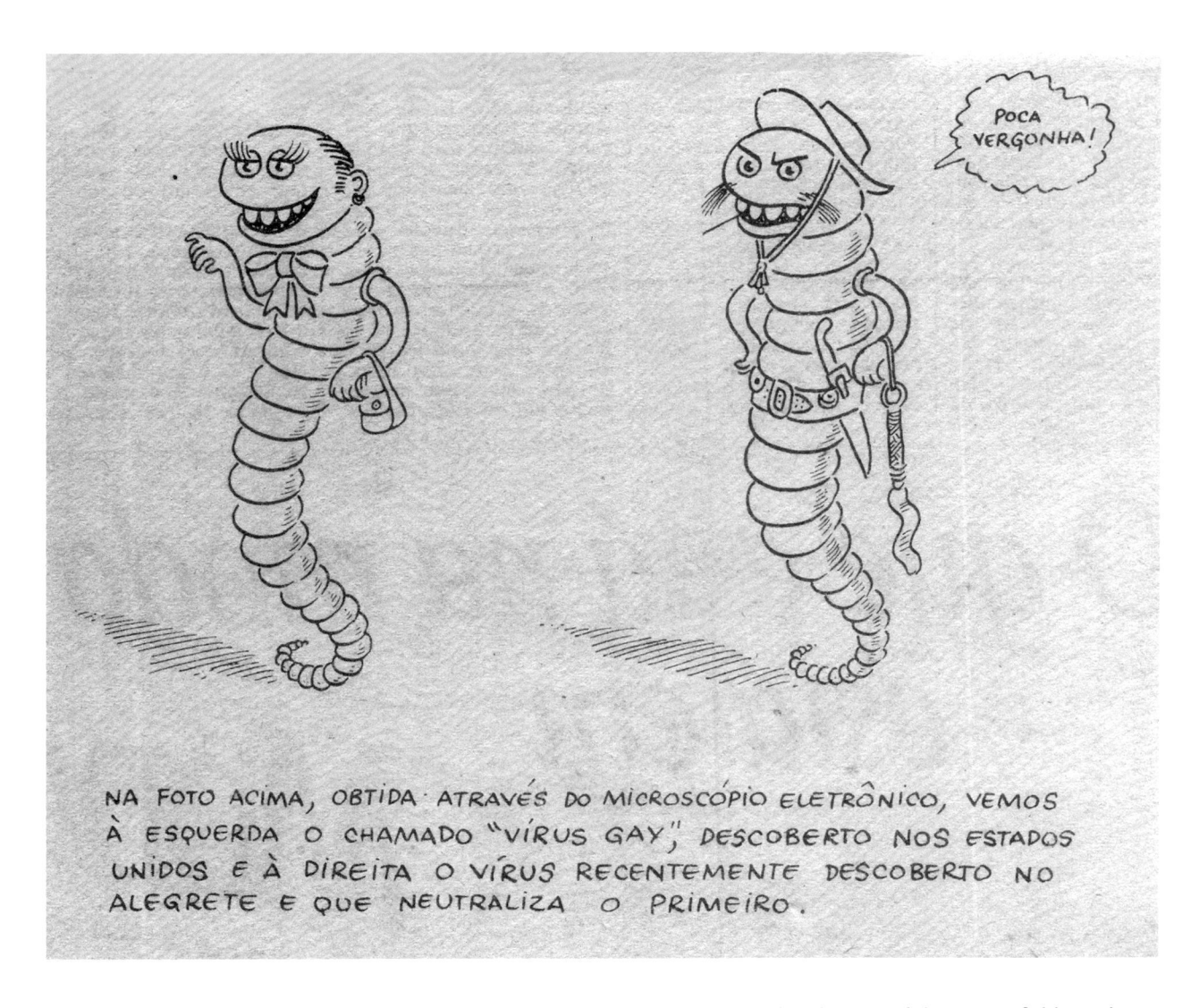

NA FOTO ACIMA, OBTIDA ATRAVÉS DO MICROSCÓPIO ELETRÔNICO, VEMOS À ESQUERDA O CHAMADO "VÍRUS GAY", DESCOBERTO NOS ESTADOS UNIDOS E À DIREITA O VÍRUS RECENTEMENTE DESCOBERTO NO ALEGRETE E QUE NEUTRALIZA O PRIMEIRO.

Registro histórico do surgimento do vírus da AIDS, que, nas primeiras notícias, não foi levado muito a sério. Parecia mais um alarmismo de aspecto folclórico.
(*Folha da Tarde*, junho de 1983)

Aumentava o clamor pelas eleições diretas à presidência da República.
(*Folha da Tarde*, fevereiro de 1984)

Ninguém aguentava eleições indiretas.
(*O Interior*, fevereiro de 1984)

— COM LICENÇA QUE EU VOU MALUFAR!

— ELE NUNCA MALUFA DIANTE DE SENHORAS E CRIANÇAS!

Paulo Maluf, com o aval dos militares, lançava-se à presidência da República num tal colégio eleitoral, onde se cunhou o verbo "malufar", pejorativamente, é claro.
(*O Pasquim*, outubro de 1984)

Derrotada a campanha das diretas, Tancredo Neves
vence as eleições no colégio eleitoral, mas Figueiredo
se recusa a passar a faixa para o novo presidente civil,
que morreria logo depois.
(*O Interior*, março de 1985)

O vírus da AIDS já era uma trágica realidade, e o medo atingia até os moradores do campo.
(*O Interior*, agosto de 1985)

A passagem do cometa Halley detona uma grossa picaretagem marqueteira; sua visualização revelou-se um completo fracasso.
(*O Interior*, maio de 1985)

Nas eleições para governador, os gaúchos se surpreendem com uma estranha aliança do PDT do exilado Brizola com o partido da ditadura.
(*O Interior*, agosto de 1986)

Com a desculpa da enorme inflação, os produtos eram remarcados até duas vezes num dia.
(*Jornal do CREA*, outubro de 1988)

LEMBRE-SE: É OBRIGATÓRIO O USO DO CINTO DE INSEGURANÇA

USE OS CINTOS DA MARCA **ARROCHO**

O ÚNICO QUE DEIXA VOCÊ ROXINHO

MODO DE USAR

ASSISTÊNCIA TÉCNICA

SANTIAGO - MARQUETINAGUE & PUBLICIDADE

(*) PRODUTO DIETÉTICO

No governo do poeta Sarney, começava a obrigatoriedade do cinto de segurança e a dureza econômica devorava orçamentos domésticos.
(*Jornal do CREA*, abril de 1989)

Os computadores pessoais começavam a se popularizar.
(Abril de 1989)

A mídia e os setores econômicos dominantes se entusiasmavam com a candidatura de Fernando Collor e os humoristas tentavam avisar.
(*Jornal do CREA*, agosto de 1989)

CERTO DIA DURANTE A REVOLUÇÃO FRANCESA:

"NÓS DA NOBREZA, PROPRIETÁRIOS DE GRANDES LATIFÚNDIOS, PRECISAMOS NOS PREPARAR CONTRA OS CAMPONESES REVOLTADOS"

"PROPONHO A CRIAÇÃO DE UMA ENTIDADE COM ESTE LOGOTIPO!"

"TRÉ BIAN MESSIÊ CAIADÔ!"

PENTA-AVÔ DO TAURINO

U.D.R.

Os grandes ruralistas, amedrontados, fundavam uma associação chamada União Democrática Ruralista na época em que se comemoravam os 200 anos da Revolução Francesa.
(*O Interior*, julho de 1989)

Finalmente, depois de 29 anos, voltava-se a votar para presidente.
(*O Interior*, novembro de 1989)

Collor assumia e confiscava as cadernetas de poupança.
(*Jornal do CREA*, abril de 1990)

Abria o segundo Rock'n Rio e a "cidade maravilhosa" era assolada pelo mosquito da dengue.
(*O Estado de S. Paulo*, janeiro de 1991)

Todos buscavam uma maneira de retirar alguma coisa das poupanças retidas.
(*O Estado de S. Paulo,* maio de 1991)

Um grande eclipse foi observado depois do trote nos poupadores.
(*O Estado de S. Paulo*, julho de 1991)

A linha dura comunista tentou um golpe contra Mikhail Gorbachev. Foi revertido e consagrou Boris Yeltsin. Nunca entendi por que o desenho foi vetado no período em que trabalhei para o *Estadão*, talvez um respeito eterno por todas as fardas
(21 de agosto de 1991)

Finda a União Soviética, a Rússia de Boris Yeltsin rumava célere para o paraíso do consumo.
(*Jornal do CREA*, setembro de 1991)

Collor era impichado, se é que existe o termo.
(*Jornal do CREA*, setembro de 1992)

Assumia o vice Itamar Franco.
(*Jornal do CREA*, outubro de 1992)

Num plebiscito, a ideia romântico-cruel da monarquia era derrotada.
(*Jornal do CREA*, abril de 1993)

Apesar de grandes e pesados, os telefones celulares chegavam para ficar.
(*O Gaúcho*, julho de 1995)

Fernando Henrique Cardoso presidenciava orientado por uma gorda cartilha privatizante. Deve-se registrar que foram raríssimas as charges contra as privatizações na grande mídia dos anos 90. Claro, as grandes empresas de comunicação tentavam comprar as barbadas.
(*Oi Menino Deus*, junho de 1996)

O fenômeno "El Niño" levava a culpa de tudo.
(*ABC Domingo*, fevereiro de 1998)

A nova maravilha colocava os vovôs em pé de igualdade.
(*ABC Domingo*, junho de 1998)

FHC era o homem de vendas do ano,
vendendo o que não lhe pertencia.
(*ABC Domingo*, agosto de 1998)

A ALDEIA GAUCHESA

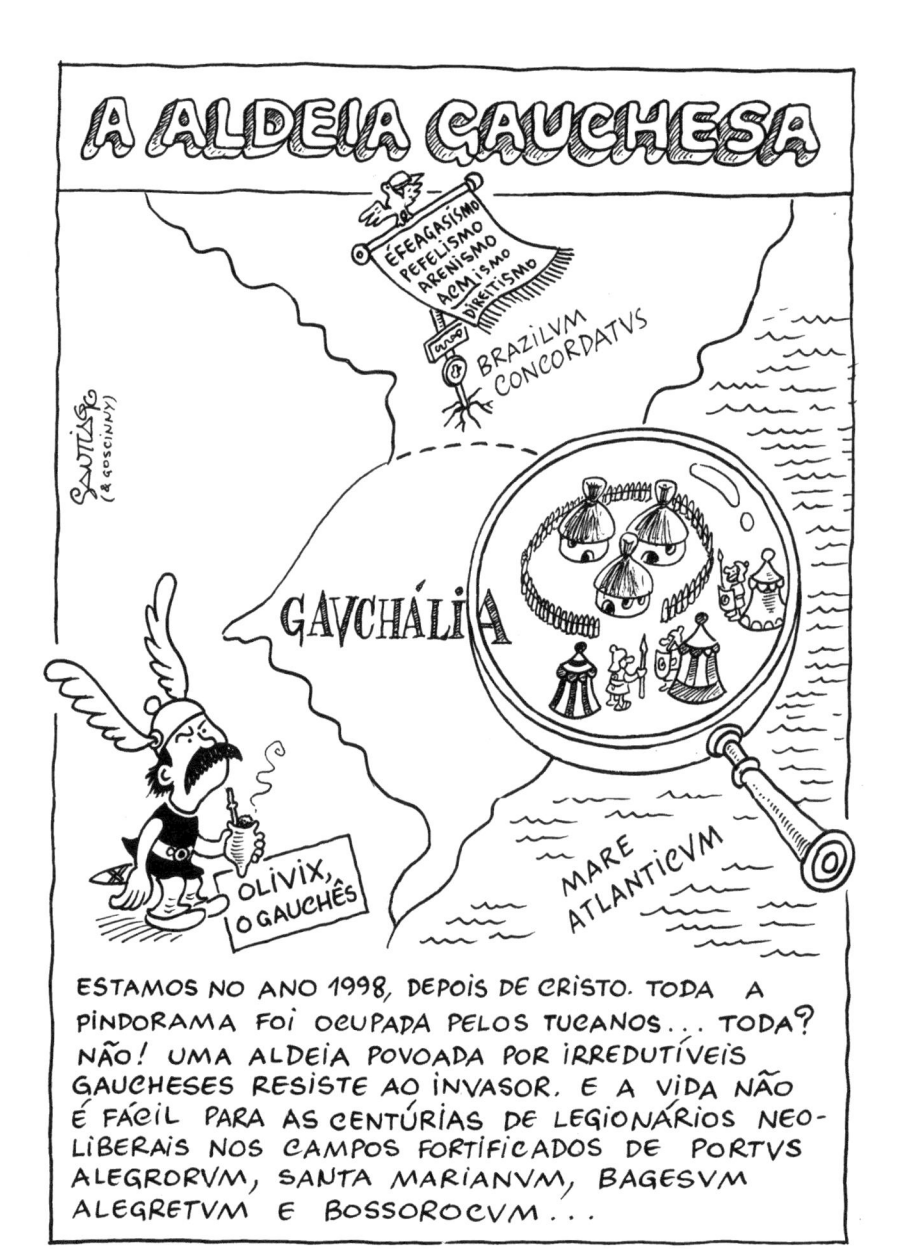

ÉFEAGASISMO
PEFELISMO
ARENISMO
ACMISMO
DIRETISMO

BRAZILVM CONCORDATVS

GAVCHÁLIA

MARE ATLANTICVM

OLIVIX, O GAUCHÊS

ESTAMOS NO ANO 1998, DEPOIS DE CRISTO. TODA A PINDORAMA FOI OCUPADA PELOS TUCANOS... TODA? NÃO! UMA ALDEIA POVOADA POR IRREDUTÍVEIS GAUCHESES RESISTE AO INVASOR. E A VIDA NÃO É FÁCIL PARA AS CENTÚRIAS DE LEGIONÁRIOS NEOLIBERAIS NOS CAMPOS FORTIFICADOS DE PORTVS ALEGRORVM, SANTA MARIANVM, BAGESVM ALEGRETVM E BOSSOROCVM...

Apesar de uma intensa onda tucana, o Rio Grande do Sul elegia um governador antiFHC. (Revista *Bundas*, novembro de 1998)

FHC surpreendia, por renegar a esquerda que foi sua.
(Março de 1999)

O país se preparava para as comemorações dos 500 anos do descobrimento.
(Revista *Bundas*, novembro de 1999)

A entrada no segundo milênio trazia a expectativa
do temido *bug* que paralisaria todos os computadores.
(*Jornal do CREA*, janeiro de 2000)

Em eleições estilo república bananeira, os Estados Unidos elegiam o presidente George W. Bush, que iria conseguir ser mais truculento do que o pai, George H. Bush.
(*Jornal do CREA*, dezembro de 2000)

O Rio Grande do Sul, com um governador do PT, partido que também fazia o seu quarto mandato na prefeitura da capital, era observado como um laboratório das teses da esquerda. Porto Alegre, então, recepcionava o mundo para o primeiro Fórum Social Mundial, que surgia para se opor ao Fórum Econômico de Davos na Suíça.
(*Le Monde*, França, janeiro de 2001)

> A DOENÇA COMEÇOU QUANDO O HOMEM RESOLVEU CONTRARIAR A NATUREZA E TRANSFORMOU O BOVINO QUE É HERBÍVORO EM ANIMAL <u>CARNÍVORO</u>, DANDO-LHE RAÇÃO DE CARNE DE OVELHA!

> DEPOIS NÓS É QUE SOMOS AS LOUCAS!

> ...E VEM AÍ OS TRANSGÊNICOS!

Uma nova epidemia chamada doença da vaca louca assustava a Europa e evidenciava o perigo de contrariar regras básicas da existência dos seres vivos.
(*ABC Domingo*, março de 2001)

As novas empresas proprietárias das centrais elétricas privatizadas contrariavam
a promessa de supereficiência vendida pelos governos privatizadores.
O apagão baixava a chave geral e jogava o país nas trevas.
(*ABC Domingo*, maio de 2001)

No fatídico 11 de Setembro, os grandes símbolos
do poderio estadunidense tombavam como castelo de cartas.
(Setembro de 2001)

O ataque pegava a mais poderosa nação do planeta de calças na mão.
(Setembro de 2001)

Passado o estupor dos primeiros dias do 11 de Setembro,
abria-se o debate sobre as causas de tamanha violência.
(Setembro de 2001)

Na segunda edição do Fórum Social Mundial, em Porto Alegre,
o tema era os antecedentes da grande nação atacada.
(Cartaz para o II Fórum Social Mundial, janeiro de 2002)

A Argentina vivia uma grande crise econômica, depois do "corralito", medida tomada pelo presidente Fernando de La Rúa que restringia as retiradas de dinheiro em bancos.
(*Jornal do CREA*, fevereiro de 2002)

Bush, além de promover guerras fora de casa,
reagia ao controle de emissões de carbono dentro de casa.
(Jornal *Extra Classe*, outubro de 2002)

Depois de invadir o Afeganistão, como vingança ao 11 de Setembro, o caubói presidente George Bush bombardeava o Iraque com o apoio da Inglaterra. Foram buscar "armas de ataque massivo" e estão até hoje procurando.
(Jornal *Extra Classe*, março de 2003)

Um cidadão de origem operária assumia a presidência da República.
(Janeiro de 2003)

Começava a farra do agronegócio no cultivo de soja transgênica, então proibida e contrabandeada da Argentina, casa da mãe joana em matéria ecológica.
(*Jornal do Comércio*, março de 2003)

A ONU, que se opôs à invasão do Iraque, entrava em grande desmoralização.
(Jornal *Extra Classe*, abril de 2003)

Seguia a matança no Iraque invadido.
(*Jornal do Comércio*, abril de 2003)

Alegando possível colapso na previdência, Lula promovia uma grande reforma, restringindo aposentadorias, menos de militares e juízes.
Barbas de molho era a ordem em início de governo.
(*Jornal do Comércio*, maio de 2003)

Ninguém esquecia o compromisso do ex-sindicalista
com alguma atitude de distribuição de renda.
(*Jornal do Comércio*, outubro de 2003)

Colocar em prática os compromissos ditos de esquerda era o desafio no primeiro ano.
(*Jornal do Comércio*, outubro de 2003)

No Iraque ocupado, cresciam as baixas nas tropas invasoras.
(*Jornal do Comércio*, outubro de 2003)

Falecia o engenheiro Leonel de Moura Brizola.
(*Jornal do Comércio*, junho de 2004)

Um tipo de desastre que parecia apenas coisa de filmes tristemente se materializou.
As festas de fim de ano foram sombreadas pelo tsunami.
(*Jornal do Comércio*, janeiro de 2005)

Porto Alegre entrava mais uma vez no cenário mundial com o quarto Fórum Social Mundial, que depois se bandeou para outros lados do planeta.
(*Jornal do Comércio*, janeiro de 2005)

O aumento do nível das temperaturas da terra evidenciava-se.
(*Crea em Revista*, abril de 2005)

Apareciam as denúncias do "mensalão" e da existência de caixa dois no PT, que até então mantinha limpa a imagem.
(*Jornal do Comércio*, julho de 2005)

Em Londres atolada na paranoia antiterrorista,
o brasileiro Jean Charles de Menezes era executado pela polícia.
(*Jornal do Comércio*, julho de 2005)

Evidentemente, a militância jovem e idealista entrava em deprê com as denúncias.
(Jornal *Extra Classe*, agosto de 2005)

NOVO HERÓI NACIONAL: O "HOMEM DE BEM" (BEM ARMADO!)

No referendo para decidir o desarmamento no Brasil, os armamentistas criaram a figura do "homem de bem", que tinha o direito de andar armado.
(Jornal *Extra Classe*, novembro de 2005)

Chegavam com força e como salvação do Rio Grande do Sul as extensas monoculturas de eucaliptos para celulose, que tomavam o lugar do bioma pampa.
(*Jornal do Comércio*, novembro de 2005)

Terminava o ano com um enorme saldo de denúncias do "mensalão", que tirava o sossego do Lula.
(*Jornal do Comércio*, dezembro de 2005)

Um jornal dinamarquês publicava desenhos de humor com o profeta Maomé e acendia um barril de pólvora no mundo muçulmano.
(*Jornal do Comércio*, fevereiro de 2006)

(*) um dos morros isolados mais elevados do estado (569m.), localizado no município de Candelária, caminho para Santa Maria.

O filme *O segredo de Brokeback Mountain* ganhava o Oscar
ousando abordar o homossexualismo entre caubóis.
(*Jornal do Comércio*, fevereiro de 2006)

A Varig, nosso grande símbolo aéreo, dava início aos procedimentos de aterrissagem financeira.
(*Jornal do Comércio*, abril de 2006)

Entrava em operação a tecnologia digital para as TVs, sempre sem discussão sobre o mau nível da programação.
(Jornal *Extra Classe*, julho de 2006)

Alguns setores da comunicação chegaram a esperar que Lula criasse critérios
mais democráticos nas capitanias hereditárias das concessões de rádio e TV no Brasil.
(Jornal *João de Barro*, julho de 2006)

Lula se candidatava à reeleição e alguns veículos da grande imprensa tomavam partido pelo candidato da oposição tucana. Apesar da minha desautorização expressa, a revista *Veja* publicou o desenho para tentar provar a sua "independência".
(*Jornal do Comércio*, outubro de 2006)

Morria o general Pinochet no Chile, sem deixar saudade.
(*Jornal do Comércio*, dezembro de 2006)

ASSIM CAMINHA A HUMANIDADE

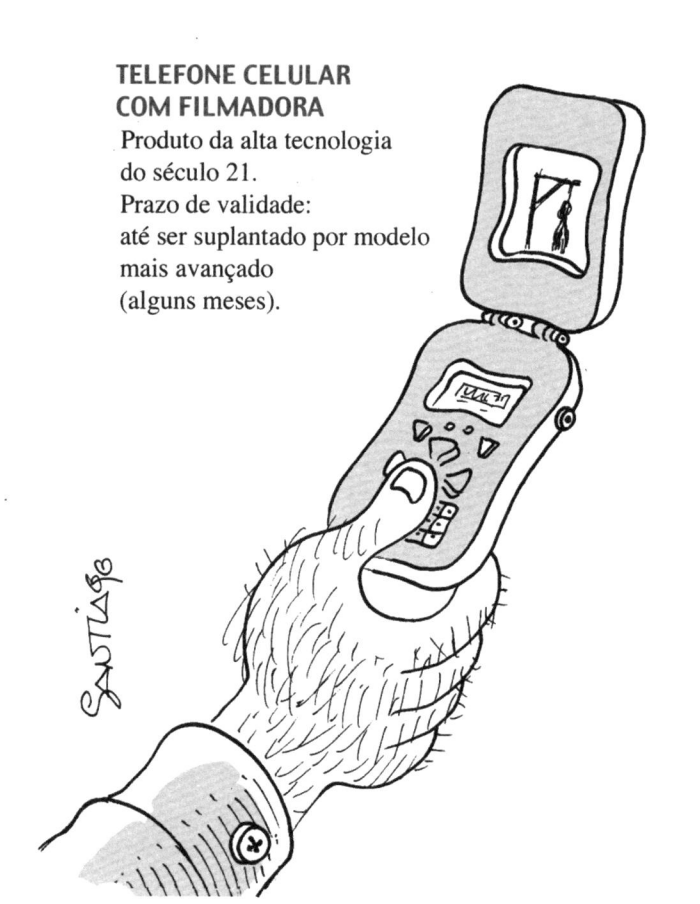

TELEFONE CELULAR COM FILMADORA
Produto da alta tecnologia do século 21.
Prazo de validade: até ser suplantado por modelo mais avançado (alguns meses).

FORCA
Instrumento medieval de execução por asfixia ou ruptura de vértebras.
Prazo de validade: enquanto durar a estupidez da humanidade (mais alguns milênios, se houver humanidade!).

O Iraque utilizava um método medieval e brutal para executar o ex-ditador Saddam Hussein.
(*Jornal do Comércio*, janeiro de 2007)

Quando se achava que a televisão havia inventado
todo o tipo de imbecilidade possível, inventaram o *reality show* Big Brother,
doença maligna que afetou milhares de cérebros (ou a falta de).
(*Jornal do Comércio*, fevereiro de 2007)

Os níveis de violência urbana provocavam debates, diagnósticos e remédios.
Como sempre!
(Jornal *Extra Classe*, março de 2007)

ONDE ESTÁ O WALLY?

Resposta: o Wally não é bobo, foi de ônibus!

O país vivia o que se chamou "apagão aéreo", com grandes atrasos e acúmulos de voos em todos os aeroportos.
(Jornal *Extra Classe*, julho de 2007)

Tomava corpo a ideia dos biocombustíveis como grande alternativa ao petróleo.
(*Crea em Revista*, julho de 2007)

Ainda o biocombustível.
(Revista *Foco*, agosto de 2008)

Sempre pouco sensível aos temas ecológicos, o governo Lula aprovou os alimentos transgênicos, transformando consumidores em cobaias.
(Jornal *João de Barro*, outubro de 2007)

Os bancos obtinham lucros fabulosos. O desenho foi considerado pesado (não por causa do elefante!) pelo *Jornal do Comércio*, que encerrou então a coluna de charge.
(Não publicado)

A nação mais poderosa do planeta entrava em profunda crise econômica.
(Jornal *Extra Classe*, outubro de 2008)

O furo na bolha imobiliária estabelecia o caos.
(Revista *Le Monde Diplomatique Brasil*, novembro de 2008)

A grande surpresa do terceiro milênio: a chegada ao poder
de um presidente negro nos Estados Unidos.
(Blog *Tinta China*, janeiro de 2009)

A nova ortografia fazia estragos na língua portuguesa, que alguns filólogos pretendiam unificada em todos os países lusofalantes.
(Jornal *Extra Classe*, março de 2009)

(*) Que baita mala!!!

O primeiro rombo foi no ideário neoliberal, onde o deus mercado tudo resolveria.
Os grandes banqueiros jogavam para o Estado e o novo presidente
a tarefa de salvar economia e empregos nos Estados Unidos.
(Jornal *João de Barro*, março de 2009)

**O MINISTÉRIO DA SAÚDE ADVERTE:
O SAL AUMENTA A PRESSÃO!**

O Brasil de Lula despontava como potência mundial com a descoberta de grandes reservas de petróleo na camada do pré-sal das profundíssimas águas territoriais.
(*Crea em Revista*, julho de 2009)

A epidemia de uma nova gripe chamada "gripe suína" eclodia assustadoramente
no inverno do sul do Brasil, chegada pela Argentina.
(Jornal *João de Barro*, agosto de 2009)

O Instituto Nobel da Noruega escolhia o presidente Barack Obama para o Nobel da Paz justo no momento em que os Estados Unidos intensificavam a intervenção no Afeganistão e com promessas não cumpridas de diminuir a fúria belicista do seu país.
(Jornal *João de Barro*, dezembro de 2009)

Nota do autor

As charges mais antigas não apresentam boa qualidade por terem sido reproduzidas de páginas de jornais com mais de vinte anos e, portanto, já amareladas e com fungos. Foi preciso escanear como se fossem fotografias em meio tom. Como o critério era a importância histórica dos fatos, a qualidade gráfica ficou em segundo plano. O leitor perceberá a melhoria dos desenhos mais recentes devido ao maior cuidado na conservação das publicações e pela chegada dos arquivos eletrônicos, que felizmente permitiram ao autor manter consigo os originais.

IMPRESSÃO:

GRÁFICA EDITORA Pallotti
IMAGEM DE QUALIDADE

Santa Maria - RS - Fone/Fax: (55) 3220.4500
www.pallotti.com.br